LETTRE
DV PERE
FRANCOIS
GARASSVS
DE LA COMPA-GNIE DE IESVS.

A MONSIEVR OGIER,
touchant leur reconciliation,

ET

RESPONSE DV
SIEVR OGIER SVR
le mesme sujet.

A PARIS,

Chez Sebastien Chappelet, ruë S.
Jacques, au Chapelet.

M. DC XXIV.

Auec Priuilege du Roy.

LETTRE
DV PERE FRANCOIS
GARASSVS DE LA
Comp. de IESVS.

A Monsieur Ogier, touchant leur reconciliation.

MONSIEVR,

La preuue de noſtre reconciliation me fair gouſter auec plaiſir la douceur d'vne belle verité prononcée par l'vn des plus ſages d'entre les Hebrieux, qui diſoit n'auoir rien trouué en tout le monde qui peuſt eſtre comparé au plaiſir

4

d'vne bonne & parfaite amitié,
telle qu'eſt la noſtre : il eſt vray
que ſi ie voulois ſuiure les maximes d'Ariſtote, & m'attacher
à ſa Philoſophie , ie n'oſerois
qualifier noſtre entreueuë du
nom d'vne parfaicte amitié,
d'autant que ſelon la teneur de
ſes principes, vne parfaicte a-
mitié eſt vne habitude qui ne
s'engendre pas par vn acte ſin-
gulier, non plus qu'vne ſeule
arondelle ne fait pas le Prin-
temps.

Iamais ce Philoſophe n'a dit
mieux à mon gré, & ie me ſers
volontiers de ſon exemple
pour prouuer l'eternelle durée
de noſtre bonne intelligence :
car ſi l'amitié que nous auons

juré solennellement estoit vne
arondelle, & nommément semblable à celle d'Anacreon , ie
n'espererois que iamais de si
fresles principes nous peussiós
tirer vne bonne consequence
d'vne amitié perdurable, mais
pour ce que voftre cœur, ny le
mien, ne sont ny volages ny
passagers, comme vne arondelle, ains pluftoft du naturel du
Phœnix, qui ne s'attache qu'à
la palme, & ne change iamais
de nid ny de demeure, quand
vne fois il en a fait le choix, i'espere que noftre amitié nous
conduira iufques en Paradis,
c'eft à dire au delà de celle du
lierre & de l'ourmeau, *quæ poft
funera viuit*, & qu'elle pourra

dire auec Iob, *dixi sicut Phœnix multiplicabo dies , et in nidulo meo moriar.*

Il est vray qu'elle n'est engendrée que par vn seul acte qui luy sert de pere, mais la doctrine de sainct Thomas que i'estime bien autant que celle d'Aristote, m'enseigne, qu'vne action heroïque & genereuse est plus capable d'engendrer vne habitude perdurable, que dix mille actes foibles & languissans : & qu'il n'y ait eu en nostre reconciliation de la generosité heroïque, ceux-là seulement en pourrót douter qui ne sçauront pas les occasions violentes que nous auions, parlant humainement, de nous aigrir l'vn contre l'autre, & les difficultez insurmontables qui rendoient le mal incurable.

Nous auons par la grace de Dieu fermé les yeux à toutes les considerations humaines, & escrazé genereusement toute cette engeance de viperes: i'estime pour moy que l'amitié s'attache plus estroitement entre deux ames qui ont eu le loisir de se recognoistre & de se sonder par des actions qui ressentent l'hostilité, qu'entre celles qui s'entr'ayment sans sçauoir pourquoy.

Ce que ie dis non seulement suiuant les maximes de l'Euangile, qui sont infallibles, mais encores selon les principes de

la Philofophie naturelle , car
bien qu'Ariſtote diſputant có-
tre Empedocles taſche de prouuer au premier liure de la Phy-
ſique , que iamais l'inimitié
n'engendrera l'amitié, nó plus
que iamais vne Æthiopienne
ne ſe deliura d'vn enfant blanc,
que par prodige, neantmoins
il eſt contraint d'aduoüer par
la force de ſes principes , que
d'vne forte inimitié ſe fait vne
forte amitié,comme du noir ſe
fait le blanc, quoy que le noir
ne faſſe iamais le blác. C'eſt autre choſe que l'inimitié faſſe
l'amitié, & autre choſe que de
l'inimitié ſe faſſe l'amitié : le
premier eſt impoſſible , le ſe-
cód eſt fort naturel & faiſable.

Et quand ie me sers du mot
d'inimitié, ie vous prie de croire que c'est à faute d'autre ter-
me plus significatif & plus
doux, & que c'est en cet endroit
que ie puis dire auec Lucrece,

Accusanda venit patrij sermo-
nis egestas.

Il est vray qu'il y a eu quelque
mauuaise intelligence entre
nous, & comme quelque des-
ordre de passions, mais d'inimitié formelle & determinée,
ie vous asseure qu'au plus
chaud eslans de ma cholere ie
n'en sentis iamais aucun mou-
uement contre vous, & que
moment ne s'est escoulé de ma
vie depuis le commencement

de nos querelles, auquel ie ne
me sentisse tres-porté à vous
rendre seruice: Ce n'est pas inimitié que cela, mais quelque
refroidissement de charité, &
au pis aller nous pouuons dire,
que *mutatus erat color optimi.*

Nous auons en nostre reconciliation suiuy & accomply le
precepte de celuy qui disoit, *E-
lige, deinde dilige*:nous auons recognu nos humeurs, nous auós
fondé nos forces, nous auons
pris & emprunté mutuellemét
l'vn de l'autre ample subiet de
merite & de patience : sur de si
bons & solides fondemens
vne amitié ne sçauroit estre
mal fondee : pour auoir

esté mal ensemble ñostre
amitié ne s'en portera que
mieux, comme nos maisons à
la moderne ne sont que plus
fermes pour estre fondées sur
les masures sanglantes des anciens Amphitheatres: le feu vio-
lent ne se fait que de bois verd,
& comme les plus grandes inimitiez se font des plus estroit-
tes amitiez, aussi souuent les
meilleures & les plus durables
vnions se forment des plus a-
charnées inimitiez, comme le
plus beau iour s'engendre de
son contraire, les plus belles
perles se forment par le choc
des plus grandes tempestes, &
iamais on ne treuue l'ambre
gris en la coste de Fés & de Ma-

roc, qu'aprés les plus dangereu-
ses bourrasques de la mer.

Il seroit quasi desirable
qu'il y eust tous les iours
des tourmentes sur la mer,
si on ne treuue pas autrement l'ambre gris & les perles :
& il eust esté aucunement desirable que nous eussions es-
prouué les bourasques passées
pour trouuer vn si precieux
thresor que celuy d'vne amitié
parfaicte.

Qui eust dit il n'y a que trois
semaines, aprés vn si grand des-
ordre de passion & d'animosi-
té, que le iour de S. Iean Chry-
sostome, nous deuiós nous en-
treuoir pour assoupir nos querelles, & les noyer dans le sang

de IESVS CHRIST, on l'euſt eſti-
mé plus ridicule que le faux
Prophete du Perou; & tenir ce
langage euſt eſté ſuffiſant pour
enrichir les Almanacs de la pre-
ſente annee de fauſſes & chi-
meriques predictions.

Neantmoins pour parler
courageuſement auec S. Pierre
il a pleu au S. Eſprit & à nous de
faire veoir à ceux qui par leur
mauuaiſevolonté entretenoiét
le feu de nos diuiſions, que la
grace de Dieu & noſtre bon
naturel eſt plus puiſſant à faire
des merueilles que leur malice
à deſtruire le Royaume de Ie-
ſus Chriſt. Ce grand Sainct qui
par ſes prieres a eſté l'entremet-
teur de nos differens, a eu au-

erefois les siens auec S. Epiphane, desquels ils tomberent d'accord, au grand contentement
de toute l'Eglise Grecque. S.
Augustin & S. Hierosme ont eu
les leurs iusques à mettre la plume au vent l'vn contre l'autre,
ils se reconcilierent aussi, & ie
ne sçay lequel des deux causa
plus d'estonnement à l'Eglise
Latine, ou les differens, ou la
reconciliation de ces grands
personnages.

Des inimitiez i'en dis ce que
S. Bernard disoit du peché, *Pec-
care humanum, à peccato surge-
re Angelicum, in peccato perseue-
rare diabolicum est.* Auoir des
inimitiez au siecle où nous só-
mes, traictant ce que nous trai-

ctions, seruant le Maiſtre que nous ſeruons, c'eſt vne choſe humaine; y perſiſter aprés con-noiſſance de cauſe, c'eſt vne ma-lice diabolique; mais les quitter genereuſemét nonobſtant tou-tes les oppoſitions & difficul-tez, c'eſt vn faict Angelique.

Si nos Eſcritures & Reſpon-ſes auoient cauſé de l'eſtonne-ment dans les eſprits paiſibles, ie croy que l'aſſoupiſſement de nos querelles en cauſera bien plus aux eſprits broüillons & turbulents qui ne demandent que playe & boſſe, & Dieu leur face la grace de ſuiure noſtre bon exemple, pour ne rien dire du mien, lequel ils ne vou-droient pas receuoir pour regle de leurs desseins.

S'ils ont des ennemis, ie prie Dieu ne leur en donner iamais de plus fascheux & plus intrai-ctables que vous m'auez es-prouué, ny de plus rencheris ou irreconciliables que ie vous ay trouué à la recherche ; Car ie puis dire que si vous auez de-siré mon amitié, i'ay faict gloi-re de rechercher la vostre, & suis allé au deuant, où pour vous en coniurer comme Reli-gieux, où pour l'accepter com-me Chrestien.

Et comme i'espere viure e-ternellement sans auoir suiet de me desdire ou retracter vne si religieuse resolution, aussi espere-ie (si ie le puis dire sans

vanité) que ma franchiſe vous
fera voir, que vous ne vous re-
pentirez iamais de vous eſtre
ſainctement repenty, pour ce
que l'Apoſtre ſainct Iacques
nous enſeigne que les dons &
faueurs du Ciel ſont ſans repentance , & ie ne penſe pas
auoir veu de mes yeux vn coup
du Ciel plus ineſperé, que celuy de noſtre reconciliation,
qui par conſequent doit eſtre
ſans repentance de part & d'autre: elle a produit deſia de trop
bons actes pour en demeurer-
là.

Que ſi les anciens Philoſophes ont eu ſujet de definir
l'Amour, τὸ Ἀγαπητον, pour ce qu'à
leur aduis il n'a point d'autre

cauſe que ſoy-meſme, il n'en eſt pas ainſi de la reconcilia- tion de deux ennemis qui n'eſt pas vn amour primitif & com- mencé par ſoy-meſme, mais, ſi ie l'oſe ainſi definir, vn amour par antiperiſtaſe, car ſi la re- conciliation eſt ſans exemple parmy les anciés Philoſophes, elle n'eſt parmy nous ny ſans raiſon ny ſans exemple, & ſi Ariſtore en ſes Analytiques traitant de ſa contrarieté a pris ſouuent des inſtances ſur le fait des ennemis, monſtrant par l'e- xemple d'Achille, que la gene- roſité giſt à ſe venger de ſes en- nemis, il n'a baſty que ſur les maſures ruineuſes de la nature corrompuë, mais noſtre Sci-

gneur en son Euangile, qui est
l'Analysie de la perfectió, nous
a monstré & par raison, & par
bon exemple, qui vaut plus
que des raisons, que la vraye
generosité gist à se reconcilier
parfaictement.

Il importe doncques que
tout le monde sçache que nostre reconciliation n'est point
le τὸ Ἀραχνέον d'Orphée & de Tris-
megiste, & qu'elle ne marche
pas à l'aueugle, sans guide, sans
mesure & sans dessein, comme
ce petit Aueugle-nay : Or ie
treuue qu'elle est fondée sur
trois raisons principales, &
noüée à trois cordons qui sont
les liens d'Adam, *in vniculis
Adam, in funiculis caritatis*. La

premiere vous regarde , la se-
conde me touche, & la troisief-
me eft prife du public.

Quantà ce qui vous touche,
ie vous diray franchement,que
lifant voftre Cenfure ie n'ay iamais efté fi aueugle, ny tranf-
porté de paffion, que ie n'aye
bien recogneu, & l'efprit que
Dieu vous a donné & la lecture que vous auez acquife par fa
grace, & par la contribution
de vos trauaux: ie l'ay dit hau-
tement, & au point que i'eftois
le plus fenfible,ie vous ay donné cét eloge, qui vous eftoit
d'autant plus auantageux qu'il
ne pouuoit fortir d'aucun fen-
timent de flatterie, & me fem-
ble que fi i'euffe fait le contrai-

re, ie me fuſſe fait tort à moy-
meſme, pour ce que vous en-
uiant ou rauiſſant les armes
queDieu vous a donné, le combat ne m'euſt pas eſté ſi hono-
rable, comme il eſtoit auec ces
auantages de voſtre part.

Ayant donc recogneu voſtre
eſprit, voſtre lecture, voſtre ge-
nie, qui peut heureuſement
reüſſir à l'Eſcriture, il me ſem-
ble qu'il y alloit de vos inte-
reſts, de rencontrer vn ſuiet digne de vous, le choix de la matiere eſt vn grand auancement,
& on trauaille bien plus courageuſement ſur vn fons de
veloux ou d'eſcarlate, que ſur
vn fons de caneuas: ie ne lis iamais le Zypilis de Fracaſtor,

que ie ne regrette cét esprit in-
comparable pour vne si mal-
heureuse rencontre, & que ie
ne me ressouuienne de celuy
qui se repentoir d'auoir employé la fleur de ses ans, & la
force de sa plume à traicter des
matieres triuialles, & disoit en
gemissant, mais trop tard, &
sur le bord de sa vieillesse,

Mollia subtili nebunt mihi car-
mine filo,
Pierides, tenuique aptas subte-
mine telas,
Percurrent : dabitur nostris quo-
què purpura fusis.

Virgile cómença par le Mous-
cheron, mais ce ne fut que
pour essayer sa plume, comme
les bons Escriuains par vne

paraffe, ou par des grotefques, il ne s'arrefta pas-là, ains paffa iufques à rencherir fur la matiere & fur les inuentiós d'Homere. Croyez-moy, Monfieur, que Dieu vous oblige par les talens qu'il vous donne à rehauffer voftre courage & à faire quelque chofe digne de vous, trouuez vn fons plus capable que moy, qui puiffe en vous fourniffant vne matiere riche & feconde, rapporter & à fon autheur de la gloire, & au public de l'vtilité.

Ie penfois auffi qu'il y alloit du voftre en noftre reconciliation, pour vn motif plus haut & plus confiderable que celuy de l'efprit ; pource que Dieu

vous ayant donné vne ame do-
cile, & telle que Salomon la de-
mandoit, & de plus vous ayant
appellé à l'eſtat Eccleſiaſtique,
la bonté de voſtre naturel de-
mandoit ou iuſtice ou vengeá-
ce à voſtre plume, & ne pouuoit vous laiſſer en repos iuſques à ce que par vne parfaicte
reconciliation vous fuſſiez en
bonne intelligence auec moy.

Les pierres du Sanctuaire
eſtoient ſi bien iointes, qu'elles
ſembloient eſtre toutes d'vne
piece, & les quartiers de mar-
bre qui baſtiſſoient le Temple
& la maiſon du Saltus Libani
n'eurent iamais beſoin d'autre
ciment, que d'eux meſmes, tant
ils eſtoient parfaictement tail-
lés,

lées, les dents de l'Espoux, qui font les diuers ordres de l'Eglife, ne peuuent rien fouffrir entr'elles fans vne extreme douleur, il faut ou qu'elles s'accordent, ou qu'on les arrache. Il vaut bien mieux que nous foyons d'accord auec le plaifir d'vne entiere amitié, que fi on no⁹ arrachoit auec douleur, & au preiudice de l'integrité de noftre corps.

Pour ce qui me regarde, outre mon humeur qui fe porte à la paix, ie fais gloire qu'on fçache que ie vous ay recherché d'amitié, & fi ne penfe pas que les gens d'honneur m'en doiuent mef-eftimer:car en vain ferois-ie Religieux, & efleué à l'é-

chole de Iesus-Christ, si ie te-
nois les Maximes du monde:
Si vos de Mundo essetis, Mun-
dus vtique, quæ sua sunt diligeret,
disoit nostre maistre. Si i'estois
au monde, peut-estre qu'vne
mal-heureuse bien-seance m'o-
bligeroit inciuilement à vn autre procedé, mais ie suis bien
aise que ie puisse dire en ce suiet, *Nos talem consuetudinem non*
habemus.

Pleust à Dieu trouuasse-ie
tous mes autres ennemis en la
mesme disposition que ie vous
ay trouué par sa grace, ie re-
chercherois aussi courageuse-
ment leur amitié & les occasions de leur rendre seruice,
comme ils pratiquent auide-

ment les moyens de me nuire:
les gaignant par vne bonne reconciliation ie penserois mettre sur la teste de Iesus-Christ
autant de couronnes, ou autant de perles en sa couronne
qu'ils m'ont donné de maledi-
ctions: & dire en triomphant
auec sainct Iean, *in capite eius
diademata multa*: Car c'est en
cette genereuse Alchimie que
ie puis dire auec Sedulius, que
les cailloux se changent en dia-
mans, & les pierres en estoilles,
Lapides vertuntur in Astra.

Il m'importe qu'on me co-
gnoisse pour Religieux, & par
consequent pour desireux de
l'amitié de ceux qui font gloi-
re de me vouloir mal sans me

cognoiſtre. Le grand S. Ignace Patriarche d'Antioche, me
donne vn bon aduis eſcriuant
à S. Policarpe, quand il dit que
le cœur d'vn homme Religieux
doit eſtre comme vne enclume de bonne trempe, ὡς ἄκμων τυπ-
τόμενος: c'eſt à dire, que comme
l'enclume reçoit le coup, non
pas ſans reſpondre, mais ſans
garder la marque du coup, ainſi le Religieux doit receuoir
les coups de langue & de plume, non pas ſans reſpondre,
pour ce que l'enclume n'eſt pas
ſourde, mais ſans garder les im-
preſſions de la vengeance.

S. Auguſtin ſeconde merueil-
leuſement bien la penſée de S.
Ignace, & ſe reſſouuenant d'vn

vers de Virgile qu'il auoit leu d'autresfois, il l'employe fort heureusement, quand il dit, *Præclarè à sapiente Poëta dictum est : Gemit impositis incudibus Ætna, non gemit incus, sed mons sub incude : non gemit oppressum malis Christiani hominis pectus, sed ipse mundus gemit quasi tantæ fortitudini impar.* Si vn Religieux respond aux accusations qui luy sont faictes, ce doit estre vn gemissement de colombe, vn gemissement de barque trop chargée, ou vn gemissement d'enclume qui resonne sous le coup, mais qui n'en garde ny impression ny memoire, ny mauuaise volonté de vengeance.

Et par consequent si mes ennemis continuent de deschirer
mon nom, qu'ils ne s'eston-
nent pas s'il me reste de la voix
pour respondre, & du cœur
pour gemir. Quoy? voudroiét-
ils que ie fusse vn balon de lai-
ne pour receuoir sans bruit &
sourdement tous les coups de
leur bras? vaut-il pas mieux que
suiuant le conseil de ces grands
seruiteurs de Dieu ie sois vne
enclume de bonne trempe,
pour resonner sous le coup en
le receuant, que si ie pliois sous
le faix sans dire mot?

Qu'ils s'asseurent que tandis
qu'ils se contiendront dans le
deuoir & dans le silence, ie ne
leur diray mot, car il n'appar-

rient qu'à Iesus-Chrift, difoit Eufebe d'Emiffene, de refpondre en cefte forte, c'eft pourquoy l'Euangile commence ainfi fouuent fes difcours, *Refpondens Jefus dixit; quoniam,* dit ce Docteur, *tacitis hominum cogitationibus obuiabat:* A Dieu ne plaife qu'il m'arriue iamais de commencer le premier à me plaindre : mais fi on touche l'honneur de mon maiftre, ou l'integrité de ma mere, qu'on ne s'eftonne pas fi l'enclume refonne, puis que la Nature fe vante de n'auoir rien fait de muet.

Refpondent & faxa homini,
percuffus ab antris,
Sermo redit, reboat nemorum

vocalis imago,
Eſt & arundineis modulatio
muſica ripis,
Nil mutum Natura facit.

Il eſt vray que i'auray touſiours
cette diſcretion de ne reſpondre pas en meſme ton, & de ne
ſuiure la meſme fugue qu'ils
auront commencée, ſi ie faiſois
l'echo de leurs parolles, on m'e-
ſtimeroit immodeſte, & ſi vn
cheual m'ayant blanchy d'eſ-
cume ou de baue, ie voulois ba-
uer ou eſcumer ſur luy, on m'e-
ſtimeroit auſſi cheual que luy:
il ne faut que ſecoüer les ordu-
res & paſſer outre. Dieu les
beniſſe, & leur face la faueur de
ſe recognoiſtre: ie leur ſeray
quand ils voudront, plus ſer-

uiteur & amy, qu'ils ne sont outrageux & animez contre noftre Ordre.

En somme, pour la consideration du public, ie dis que noftre reconciliation eft importante, car à iuger de cét affaire fans paffion, ne nous laiffons point emporter dans les torrens de la chaleur, ny enuelopper temerairement dans les flots boüillans de la cholere, & difons qu'il y a trois ou quatre fortes de perfonnes dans le monde, defquelles il faut confiderer les mouuemens.

Ariftote dit au premier liure de la Phyfique, par maxime infaillible, qu'il eft impoffible de feparer toutes chofes, & porte pour inftance de fon opinion, les paffions des hommes, qui ne s'arrachent iamais de leur ame, & qui defireroit, dit-il, defraciner les paffions d'vn efprit, feroit eftimé impertinent & defpourueu de fens, defirant venir à bout d'vne chofe impoffible. C'eft ce qui me fait dire qu'il faut en cét affaire prendre les hommes auec leurs paffions. Si nous euffions continué d'efcrire l'vn contre l'autre, nous euffions eu trois efpeces de Lecteurs, ou de iuges; les vns gens de bien & d'honneur, portez d'vn vray defir de s'efclaircir; les feconds, Libertins, partifans, intereffez en noftre debat; les troifiefmes, faineans, mocqueurs, & indifferens.

Quant aux premiers ils n'euſ-
ſent peu tirer que du ſcandale
de nos querelles, & de quelque
part qu'euſt panché la victoire, elle euſt eſté ſanglante & fu-
neſte , eſtant neceſſairement
cóiointe auec l'intereſt & preiudice de l'Egliſe. Vn homme
de bien ne prit iamais plaiſir
de voir deux perſonnes qui
s'entrebattent, & le prouerbe
des Hebrieux nous enſeigne,
qu'il y a du plaiſir d'entendre la
voix de pluſieurs perſonnes qui
chantent, mais qu'il y a de l'af-
fliction d'eſprit d'entendre la
voix de deux hommes qui ſe
querellent.

Pour les ſeconds qui ſont les

Libertins, ils ne demanderoiét autre chofe que de nous voir aux prifes, d'autant que nos mauuaifes intelligences ne feruiroient que d'entretien pour fomenter leurs vilainies, & les rendre problematiques; vous fçauez que tandis que les toreaux fe heurtent dans la prairie, les grenoüilles croaffent dans la vafe, car toutes ne font pas de l'aduis de celle qui fut loüée par le Poëte,

Rana in palude pugnam Taurorum intuens,
Heu quanta nobis inftat pernicies, ait, &c.

Il n'arriue pas de cent fois l'vne que les herefies s'eftouffent par le debat des Efcriuains; le mal s'effarouche par l'aigreur de la difpute, & ce qui deuoit feruir de remede, fe conuertit en pefte.

. Bref, pour les faineans & mocqueurs qui n'ont autre affaire qu'à iuger des coups , ie fuis d'aduis qu'ils cherchent des occupations ailleurs , & qu'ils fe perfuadent que nos querelles ne font pas faictes pour entretenir le tapis de leurs faineantifes ; C'eft vne mort d'auoir affaire à vn iuge ignorant, c'eft vn malheur de tomber entre les mains d'vn iuge paffionné , mais ie ne trouue point de mot affez fignificatif pour exprimer le defefpoir de ceux qui rencontrent des fai-

neans & des mocqueurs pour
iuges : Accident que nous ne
pouuions esuiter en nos Escri-
tures mutuelles, car vne infinité de ieunes hommes, semblables à ceux qui repaissoient
leurs yeux dans les Amphitheatres, du carnage des gladiateurs,
*et sanguinaria voluptate gau-
debant*, eussent esté bien aises
de nous voir attachez mutuel-
lement pour iuger des coups,
& pour nous relancer l'vn contre l'autre aux despens de la
charité Chrestienne. *Foris ca-
nes et impudici, & omnis qui
amat et facit mendacium* : dit
sainct Iean au dernier de son
Apocalypse, s'il nous faut comparer à ces animaux, soyons des

chiens de la bergerie de IESVS-
CHRIST , crions contre l'im-
pieté, defcreditons le vice:bref,
Efforçons-nous d'vn grand courage,

Comme deux dogues acharneʒ,
D'affronter & vaincre la rage,
De ces Alaftors incarneʒ.

Ie dis de rechef, que fi les anciens Philofophes ont appellé
l'Amour Ἀναίτιον aprés le Trifme-
gifte, pour monftrer qu'il eft
fans autre fource que foy-mefme , ils n'ont fceu trouuer vn
mot pour monftrer qu'il eft
fans effects, car auffi en effect ne
l'eft-il pas: Or le premier effect
de noftre faincte amitié eft en la
genereufe confeffion de la verité par la cognoiffance de fon

contraire. Ie dis que comme vous m'auez tefmoigné vne ioye & fatisfaction particuliere pour auoir recognu en moy l'innocence de tous les blafmes que la paffion & le faux rapport , qui font deux faux tefmoins, vous auoient faict croire de moy, auffi puif-ie dire que i'ay fenty vn contentement fingulier, fçachant & de vous & de ceux qui vous hantent plus familierement, que graces à Dieu vous auez en horreur les libertinages dót quelques vns vous accufoient trop legerement, & que mefmes vous n'auiez de voftre vie veu de cinquante pas feulement, ce pauure homme auffi mal nommé que mal mo-

rigené, qui a donné le principal
sujet à mon liure de la Doctrine
Curieuse.

Nous sommes en cela sem-
blables : car i'ay rendu graces à
Dieu mille fois de ne l'auoir iamais veu, tant pour faire veoir
au monde que ie n'escris contre luy pour aucun interest per-
sonnel, ainsi que quelques foibles esprits se sont persuadez,
comme aussi pource que i'estime la veuë de semblables personnes, du naturel de celle du
Basilic. *Ab his*, dit Tertullian,
vel videri inuisum est.

Vous estes bien aise de vous
estre trompé touchant les crimes dont on me chargeoit, &
moy qui desire bien d'autres

fuiets d'eſcrire que des ſatyres,
ie ſuis plus aiſe mille fois de
m'eſtre abuſé en ce que ie vous
eſtimois cópagnon de ce Miſo-
thee, que ſi i'euſſe dit la verité,
car i'y gaigne en me trompant,
& en me detrompant encores
plus.

Et ne penſez pas que vous &
moy mettions par cette franchiſe noſtre honneur en com-
promis, il n'appartient qu'aux
bons eſprits de recognoiſtre
leurs fautes, quand nommemét
elles ſont innocentes en elles
meſmes, & preiudiciables au
public. Vous ſçauez que les
deux plus grands eſprits de l'antiquité, ont faict par liures ex-
prez ce que vous & moy ne

faiſons que par lettres, & que Celſe parlant de la generoſité d'Hippocrate au faict de ſes Retractations, adiouſte que c'eſt *more magnorum ingeniorum & fiduciam magnarum rerum habētium, nam leuia ingenia, quia nihil habent, nihil ſibi detrahunt; Magno ingenio, magnaque nihilominus habituro conuenit ſimplex veri erroris confeſſio.* Et partant ſi quelqu'vn des plus paſſionnez eſtoit ſi mal habile que de nous reprocher noſtre franchiſe, il ne nous reprocheroit autre choſe en qualité de vice, que ce qu'il deuroit auoir en qualité de vertu, c'eſt à dire vne grande & Chreſtienne generoſité de courage.

Pour moy qui ne pratique que des perſonnes deſintereſſées & deſireuſes de voſtre bien, i'eſpere ne rencontrer homme du monde, qui ne me loüe de cette action & ne beniſſe Dieu de noſtre reconciliation. Mais ie ne reſpons pas qu'il ſoit ainſi de vous , pour ce que vous eſtant au milieu du monde, vous ne pouuez bonnement euiter l'abord de diuers eſprits, qui ne portent ordinairement que leurs paſſions pour commentaires ou truchement des affaires : qui me fait dire, que comme vous aurez plus de difficulté que moy à ſurmonter ces contradictions , auſſi aurez-vous plus de merite en la

resistance & plus d'honneur en
la victoire.

Ce qui me console, c'est que
ie cognois la force de voftre efprit, & la bonté de voftre ame,
difant ces deux mots, c'eft dire
tout. La proteftation que vous
m'auez faite de recognoiftre
en moy les mefmes qualitez,
ne permet pas que i'en die da-
uantage, où que ie reuoque en
doute l'eternité de voftre amitié. Quand vous & moy n'en
aurions autre affeurance que
les difcours que nous eufmes
hier, nous ne ferions que tres-
amplement fatisfaits, mais puis
que Iulian l'Empereur defiroit
à la parfaicte amitié des plu-
mes auffi bien qu'à l'amour, &

qu'il appelloit l'amitié de ceux
qui ne s'escriuent iamais ἄπτε-
εν φιλίαν, vne amitié sans plume,
ie desire que la nostre soit ac-
compagnée de toutes ses con-
ditions conuenables, quand ce
ne seroit que pour la satisfa-
ction de vos amis qui seront
bien aises de se desabuser eux-
mesmes en l'opinion qu'ils
auoient conçeu de nostre irre-
conciliable inimitié: car comme ie vous enuoye celle-cy a-
uec dessein, s'il vous plaist,
qu'elle ne fasse gemir d'autres
presses que le cœur de nos ennemis, s'il nous en reste, aussi
vous l'adressé-ie auec inten-
tion, si vous l'auez pour ag-
greable, de faire voir à tous vos

amis, que ie suis & seray inuio-
lablement toute ma vie,

Monsieur,

Voftre tres-humble & tres-
affectionné feruiteur,

Franc. Garassvs
de la Comp. de Iesvs.

De Paris ce 4. Feurier
MDCXXIV.

RESPONCE
DV SIEVR OGIER A LA LETTRE DV R. P. FRANÇOIS GA-RASSVS de la Compagnie de IESVS.

MON Reuerend Pere,

Ie ne l'euſſe ia-mais creu que le meſme papier que i'auois pre-paré pour eſcrire vne replique à voſtre Apologie, d'euſt eſtre employé maintenant pour fai-re reſponce à vne lettre que i'ay receuë de voſtre part en

C

fuite de noftre entreueuë. Il
me fembloit que i'auois tant
de iuftes caufes de vous refpó-
dre, que la moindre eftoit capable de iuftifier mon procedé, & d'authorifer ma replique
enuers tous les gens de bien.
Car quoy que la rare fuffifan-
ce & la profonde erudition
qui paroift dans vos efcrits,
iointe auec l'innocence & l'integrité qui reluit en voftre vie
& en vos deporteméts, m'euf-
fent reduit à ne dire que peu
de chofes contre voftre doctrine, & rien du tout contre
vos mœurs : fi eft-ce que le
fcandale que l'on auoit efleué
fur moy, en me defcriuant cóme vn homme abandonné à

tout vice, vn but de maledi-
ction, vn rebut de l'ordre Ec-
clesiastique, & pour comble
d'ignominie, vn Achates de
Theophile m'eust rendu elo-
quent par force, & desnoüé
les ressorts de ma langue encore qu'elle eust esté muette,
pour m'escrier au secours de
ma reputation mourante. Ces
chefs d'accusations estoient
autant d'esguillós qui me por-
toient à deffigurer & noircir
auec la plume les calomniateurs qui vous auoient si mali-
cieusement imposé; n'ayant iamais creu, mesmes au plus
chaud de la cholere, qu'vne si
noire calomnie peust proceder d'vne ame si candide que

la voſtre. Celuy eſt cruel à ſoy-
meſme qui neglige ſa reputation, & mon ſilence en ceſte
occaſion l'euſt ruinée à iamais:
Car qui l'euſt interpreté à mo-
deſtie, & non pluſtoſt à reco-
gnoiſſance & conuiction de
ces abominables crimes? Que
diray-ie des autres motifs qui
me pouſſoient, qui encor que
moins cóſiderables ne laiſſent
pas d'auoir vn grand empire
ſur les eſprits de ceux qui ma-
nient les lettres. La ialouſie
d'honneur, le deſir de rendre
le dernier, & de monſtrer par
vne ſeconde action que ma
plume eſt auſſi peu venale que
larronneſſe ; & que comme elle n'eſt gagée ny achetée de

personne , aussi n'a-elle emprunté d'aucun. Certes vous
m'aduoüerez que ces causes
sont pertinentes , & qu'elles
sont capables de porter les
plus forts & temperez esprits
à des conseils bien violents.
Aussi vous confessé-ie inge-
nuëment que le transport du
mien ne m'eust pas permis de
me tenir dans les bornes de la
simple & nuë defence de la verité,essuiant la calomnie dont
on me chargeoit, i'eusse essayé
d'en couurir mes ennemis; imitant Brasidas,qui arrachant de
sa playe le traict dont il auoit
esté blessé , le relança contre
son aduersaire, de telle force
qu'il le renuersa roide mort à

ces pieds. Or Dieu par ſa miſe-
ricorde en a autrement diſpoſé, nous ayant inſpiré l'vn &
l'autre ſur le point que ce ſe-
cond orage de cholere alloit
eſclatter de rechercher les
moyens de pacifier nos diffe-
rends à l'amiable, & d'eſtouf-
fer nos querelles qui s'alloient
perpetuer par vne ſuite de faſcheuſes repliques. Ie ne veux
point parler des motifs qui
vous ont pouſſé à vne ſi ſain-
cte recherche, & veux croire
qu'il procede d'vne ame non
moins prudente que religieu-
ſe. Quand à ceux qui m'y ont
porté, ie diray auec verité, &
i'en prend Dieu à teſmoin, que
le principal a eſté la crainte

d'exciter du scandale au milieu des Catholiques par la continuation de nos contestations, & que noſtre debat ne ſeruiſt comme vn ſpectacle de gladiateurs à repaiſtre les yeux des Athées & des Heretiques, les deux plus ſanglâts & cruels enniemis de l'Egliſe. Vous me faites l'honneur de me comparer à ces grâds Saincts de l'Antiquité, ſainct Chryſoſtome, ſainct Epiphane, ſainct Auguſtin, &c. de qui ie ne vaux pas l'ombre : que ſi des diſputes & du chocq de ces illuſtres teſtes, ſont ſorties des eſtincelles de diuiſion, capables d'allumer des feux de ioye dâs les eſprits & dans les cœurs des Hereti-

ques & faux freres de leurs
temps. Quels esclairs, quels
foudres, quelles tépestes n'es-
clatteroient pas de nos querelles, nous qui n'y appor-
tons, ny le temperament ny
l'esprit de douceur, que nous
voyons animer les discours de
ces anciens Peres. Car bien
que quelquefois imitant les
abeilles, ils defendét leur miel
auec l'éguillon; si est-ce qu'ils
sont esloignez de toute la lon-
gueur du Ciel de la façon de
proceder des traicts piquants
de mocqueries, calomnies,
mensonges, qui ioüent si amplement leur roole dans les es-
crits de ce temps. Ce n'est plus
à qui dira le mieux, mais à qui

criera plus haut; ce n'est plus à
qui dira la pure verité, mais à
qui déguisera le mensonge de
meilleure grace ; ce n'est plus
vne contestation de doctrine,
mais vne querelle formée &
personelle entre les Docteurs.
Nous allions tomber en ces
inconueniens, & Dieu vueille
que nous n'y soyons pas tom-
bez, ou du moins que nous
nous releurions si promptemét
que l'on ne s'apperçoiue pas
de nostre cheute. Les rusez Ca-
pitaines pensent auoir vn ad-
uantage signalé sur l'ennemy,
quand ils luy ont mis le Soleil
& la poudre dedans les yeux.
En ce combat d'Escriture &
de plume, on doit ce me sem-

ble, partager ce stratageme, & se cõtenter de mettre les rayõs de la verité dans les yeux de son aduersaire, sans tascher à ietter de la poudre aux yeux du Lecteur, par vne infinité de discours friuolles d'accusatiõs & de calomnies hors de raison & de saison: Pardonnez, ie vous prie, à mõ iuste ressentiment, si ie m'estends vn peu sur le blasme de ce vice, ie ne veux pas dire que vous en soyez coupable, seulement veux-ie accuser les malheureux, qui par vne meschanceté gratuite se sont portez à vo⁹ mesdire d'vn homme qu'ils ne virent, ne cogneurent, & ne practiquerent iamais. Ce qui

me fait infiniment eſtonner de
la cauſe qu'il les a peu induire
à parler de moy de la ſorte, ſi
ce n'eſt qu'ils péſent diminuer
la peine que meritét leurs deſ-
portements deſbauchez, ren-
dant autant qu'ils peuuent des
perſonnes d'honneur compa-
gnons de leurs crimes. Ie ſuis
pecheur, ie le confeſſe, & ſi ie
dis qu'il n'y a point de peché
en moy, ie ſuis méteur, à d'autres, ce Phariſaiſme ; toute-
fois que ie ſois tel que ces meſ-
cháts m'ont noircy, deſcrit
& défiguré enuers vous ; que
ie ſois vn deſbordé, vn deſpra-
ué, vn homme de ſcandale,
bref pour reduire le tout en
abregé, que ie ſois le Pilade de

C vj

ce furieux Oreſte que ie ne vis
iamais ny en nature , ny en
peinture, ny en ſonge, ny en
phantoſme; c’eſt vne calomnie par trop inſuportable. De
25. ans qu’il y a que ie ſuis au
monde, i’en ay paſſé la moitié, partie à l’apprentiſſage des
langues par les voyes ordinai-
res deſquelles on ſe ſert, que ie
trouue bien faſcheuſes & bien
longues : partie à l’eſtude des
ſciences de la Philoſophie &
de la Theologie. En tout ce
temps comme c’eſt la couſtu-
me, i’ay fait beaucoup de co-
gnoiſſance & de bien-veillan-
ce & peu d’amis: que ſi en tout
ce nombre i’ay iamais frequé-
té ou recognu aucun athée ou

pecheur incorrigible, ie veux
mourir de la mort la plus in-
humaine que la cruauté de ces
malheureux & calomniateurs
pourra inuenter contre moy.
Sainct Paul dit que fi nous
voulions nous eftranger des
pecheurs, il nous faudroit
quitter entierement le monde;
I'adioufte aux paroles de ce S.
Apoftre, s'il m'eft loifible de
le faire par les principes de
l'Efcriture faincte, qu'il faudroit à ce compte non feulement fortir du monde, mais
aufli de foy-mefme, puifque
nous fommes tous pecheurs.
La condition de noftre naif-
fance, la neceffité de nos affaires, l'inclination naturelle de

l'hôme qui est d'estre sociable, le cômandemét de Dieu nous oblige à vne conuersation mutuelle les vns auec les autres pour nous entre-secourir, iustes, iniustes, pecheurs non pecheurs, mesme la societé la plus excellente qui soit au monde, l'Eglise enueloppe en son sein les bós & les meschâts, iusques à tât que celuy viéne qui separera la paille d'auec le bon grain. Qui me reprendra dóc si ie mene vne vie ciuile, & si ie vis parmy des hómes? si faisant profession de lettres i'ay quelque commerce auec les hommes doctes, que l'enuie mesme recognoist pour tels & de qui elle est contrainctte de

loüer les mœurs & d'admirer
la suffisance ? Car voila en peu
de mots la seule compagnie &
cognoissance dont on me peut
loüer ou blasmer legitimemét,
& sur laquelle les malheureux
qui vous ont imposé peuuent
gloser tant qu'ils voudront
sans me faire calomnieusemét
l'Achates d'vn homme que ie
ne vis iamais.

Le pere de Simonides con-
sulté par deux ieunes hommes
sur les moyés de cóseruer lon-
guement l'amitié qu'ils auoiét
iuré ensemble , leur respondit
fort prudément à mon aduis,
*Si vous cedez à la cholere
l'vn de l'autre , nous sommes
maintenant à mesmes dans la*

practique de ce conseil , nous nous sommes entrepiquez & entrebattus , nous auons passé iusques aux armes les plus sanglantes que la passion met en la main de deux Escriuains, nous auons en fin cedé à la cholere l'vn de l'autre pour contracter vne eternelle amitié. Ces boüillons sont esuanoüys pour faire place à la raison , qui appaisant tout ce tumulte nous fait maintenant escouter patiemment l'vn l'autre , où en la proposition de nos iustifications comme ie viens de faire , où en la confession de nos deffauts. Celle que vous en faictes si courageuse, si franche & si ingenuë m'inuite par son exemple à en faire de mesme, & à me souuenir auec crainte de la menace de ces paroles Euangeliques, *Qui dixerit fratri suo racha reus erit gehennæ ignis,* m'estant laissé aller par l'impetuosité de la dispute à des paroles offensiues & piquantes que la charité ne tiendroit iamais. Ce sont de mauuais cóseillers que la chore & la precipitation en la códuite de nos actions, & principalement quand on les veut employer à la correction fraternelle, d'autant que ce n'est plus correction quand elle n'est point charitable, c'est plustost vengeance. Ioint que par ceste voye nous faisons le

contraire de ce que nous pre-
tendons, car qui eſt celuy qui
s'eſtime iuſtement condamné,
& qui s'amende par les aduer-
tiſſements d'vn homme agité
de paſſiõ : l'animoſité & l'aſ-
preté du correcteur luy ſert de
iuſtification meſme aux deffauts dõt il pourroit d'ailleurs
eſtre veritablement accuſé.
Corrigez, dit ſainct Paul eſcriuant à Timothée, *In omni
patiẽtia & doctrina*, mais auec
ſcience & auec patience; ſi ie
l'ay fait auec quelque ſcience,
ie m'en rapporte : que ie l'aye
fait auec peu de patience, il
paroiſt par voſtre Apologie
ou vous vous plaignez de mõ
peu de charité, & ou vous reſ-

moignez assez par vostre ressentiment que vous en estes
outrémét offencé. Et me semble que les ames sages & paci-
fiques qui ont porté les yeux
sur mon escrit & sur vostre res-
ponce attendant ma replique,
deuoient auoir la mesme pen-
sée qu'auoit autrefois S. Augustin lors qu'il regrettoit la
contestation muë entre les
deux plus grands personnages
de son temps , & qu'il disoit
escriuant à celuy qui estoit le
moins eschauffé à la dispute,
Tu quidem quantum tibi mode-
reris , quantumque teneas acu-
leos indignationis tuæ , satis in
litteris tuis eminet , verumta-
men eas ipsas cum legissem con-

tabui dolore & obrigui timore, quid de me illa facerent, quæ in te ille scripsit si forte in manus meas venerint væ mundo à scandalis. Disons tous deux ces dernieres paroles de bon cœur & n'ayant ceste qualité que Pline dit estre purement diui-ne, le droict d'oubly sur le pas-sé, taschons à l'amender par vne bóne sincere & non fein-te reconciliation, quant à moy mettant sous le pied toutes có-siderations humaines, ie le dis du fonds de mó ame, *væ mun-do à scandalis.* Qu'on en iuge ce que l'on voudra, qu'on l'at-tribuë à l'ambition & au desir de m'aduancer. Ie feray voir par la suite de mes actions que

la fortune n'éblouïra iamais
mes yeux & n'eſtonnera iamais ma conſtance, encore
que ie ſois fort mal partagé de
ſes faueurs, & que le reuenu
de mon petit bien Eccleſiaſtique puiſſe eſtre facilement
ſupputé par ces peuples de
Thrace, dont la memoire eſt
ſi courte qu'ils ne peuuent nó-
brer que iuſques à trois; qu'on
l'attribuë à foibleſſe ou inſuf-
fiſance, i'eſpere auec la grace
de Dieu que mes eſtudes ne ſe-
rót point ſi infructueuſesqu'el
les ne puiſſent produire quelque ouurage de meilleure tré-
pe, & de plus ſolide erudition
pour l'edification du prochain, & le ſeruice de l'Egliſe.

Il n'y a que trois iours que la
pluspart du monde iugeoit
que ie ne deuois pas respondre, de peur, disoit-on, de mul-
tiplier les repliques en vn sujet où il semble que celuy qui
se taît le premier a le mieux
parlé. D'où vient donc ce su-
bit changement aux mesmes
personnes ? Est-ce à cause
qu'à la resolution de ne point
repliquer, & de suiure leur aduis, i'adiouste celle de me reconcilier auec mon ennemy.
L'action la plus heroïque que
puisse faire vn Chrestien, est-
ce ce qu'on appelle lascheté?
O misere de ce malheureux siecle corrompu, où il ne nous
est pas permis de nous repen-

tir & d’estre Chrestiens! Non,
non, M. R. P. ne craignez
point que ie n’aye le courage
de passer sur de si fresles considerations, pour vous ioindre
& vous donner la main d’asso-
ciation vous me l’auez pre-
sentée au milieu de nostre cô-
bat , & par ceste genereuse
action ie confesse que vous
m’auez vaincu : aussi-tost que
despoüillant ce nuage de passion qui vous couuroit, vous
vous estes fait cognoistre, aussi-tost m’auez vous donné suiet de me recognoistre, & de
me repentir de m’estre pris à
vn homme plein de tant d’in-
genuité & de franchise. Dio-
mede & Glaucus dans Home-

re s'alloient entretuer à faute
de se cognoiſtre ; ſi toſt qu'ils
eurent parlementé, ils ſe trou-
uerent couſins , & iugerent
qu'il n'eſtoit pas à propos que
de ſi gens de bien qu'eux
s'allaſſent coupper la gorge
pour la querelle de ie ne ſçay
quels eſtrangers : de meſme
auſſi-toſt que nous nous ſom-
mes entre-veus & abouchez,
nous auons recogneu que des
motifs ſi eſtrangers, que nous
mettent la main à la plume, ne
valoient pas la peine de nous
quereller au preiudice de noſtre reputation, & au ſcandale
de l'Egliſe. Loüé ſoit Dieu
mille fois, qui a diſpoſé, con-
duit & mené à chef noſtre re-
con-

- conciliation pour en faire es-
clore vne si sainte amitié cóme
celle que nous auons iuree : Et
certes sa prouidence est admi-
rable en la direction de nos a-
ctions, & particulierement en
la conduite de nostre cognoissance, & de nostre amitié. Car
affin de l'exempter de pratic-
quer ce dernier effort d'affectió
qui bien souuent est cause de la
rompre, consistant en vne franche liberté de reprédre les fautes d'vn amy, il a commis ce
fascheux & difficile office à nostre haine. Si bienque rien n'em-
pesche que nous ne viuions en
vne parfaicte & perpetuelle intelligence , puisque le seul
moyen qui la peut ruyner par

elle mefme nous eſt oſté; voſtre candeur & ma ſincerité eſcartât bien loin ceux qui la voudroiét troubler au dehors par faux rapports & autres inuentions du pere de menſonge. C'eſt la ſeule & tres-grande vtilité que nous pouuions receuoir de noſtre inimitié. Dieu nous la donnee & nous a inſpiré de nous en ſeruir: ſa bonté ne nous refuſera pas les infinis aduantages qui procedent d'vne ſainĉte amitié, qui n'a autre ſource que ſa crainte ny autre but que ſon ſeruice. Mercure autrefois iettant ſa verge entre deux ſerpens qui s'entre-mordoient en fit vn caducée de paix, & la crainte de la verge de Dieu, & de les iustes chastimens., s'estant rencontree au milieu de nous y a mis la concorde, assoupissant pour iamais tous nos differens. Reste maintenant que cette action soit solennelle & patente à tout le monde par nos lettres, & que comme nos inimitiez ont esté publiques, nostre amitié le soit aussi. Il importe pour le prochain, il importe pour vous, il importe pour moy : Pour le prochain affin qu'il soit autant edifié de nostre reconciliation qu'il pourroit auoir esté scandalisé par nostre querelle: pour vous affin de faire voir à tout le moins les effets de voustre franchise & vertu à la confusion des ennemis de paix:

Pour moy, tant affin que l'on voye que la calomnie dont on me chargeoit a bien esté assez effrontee pour vous imposer, mais n'a pas eu les dents ny les griffes assez pointuës pour mordre & deschirer ma reputation, comme elle pensoit; que pour fermer la bouche à ceux qui veulent comme par force me faire douter de vostre foy, ausquels ie ne sçaurois satisfaire aucunement qu'auec le tesmoignage publiq, de vostre plume. C'est ce que ie vous prie de ne me point refuser, & que ie vous solicite de m'accorder, comme le premier & le plus pressant office de vostre amitié: que l'on sçache asseurement par tout

que vous m'estes amy sans fard
comme sans feinte ie suis.

M.on .R. P.

   Voſtre tres-humble &
  & tres affectioné ſerui-
  teur, F. OGIER.

A Paris ce 7. Feurier 1624.

Ovys par la grace de Dieu, Roy de France & de Nauarre. A nos amez & feaux Conseillers, tenans nos Cours de Parlement, & Maistres des Requestes de nostre Hostel, Preuost de Paris, & à tous nos autres Iusticiers & Officiers qu'il appartiendra, Salut. Sebastien Chappelet, Marchand Libraire de Paris, nous a faict humblement exposer qu'il luy a esté mis és mains vn liure intitulé, *lettre du Pere François Garassus, de la Compagnie de* IESVS, *à Monsieur Ogier, touchant leur reconciliation, & response du sieur Ogier sur le mesme sujet,* & lequel il desireroit faire imprimer, requerant sur-ce nos lettres. A ces cavses, voulons ledit exposant estre recompensé de ses frais, mises, peines & trauaux, à la charge de mettre deux exemplaires en nostre Bibliotheque.

luy auons permis & octroyé, per-
mettrons & octroyons par ces presentes, d'imprimer, vendre & debi-
ter ledit liure par tout nostre Royaume, pays, terres & seigneuries, & ce
pendant l'espace de dix ans, à conter
du iour & datte des presentes, faisant expresses inhibitions & deffen-
ces à toutes personnes de faire le
semblable, sur peine de confiscation
des exemplaires, & de mille liures
d'amende, moitié à nous applica-
ble, & l'autre audit Chappelet. Voulons outre qu'en faisant mettre au
commencement ou à la fin dudit
liure ces presentes, ou vn extraict
d'icelles, qu'elles soient tenuës pour
signifiées, & venuës à la cognoissance de tous, sans souffrir ne per-
mettre luy estre faict, mis ou donné
autre empeschement au contraire:
de ce faire vous donnons pouuoir
& mandement special, CAR TEL
EST NOSTRE PLAISIR. Donné
à Paris, le vingt-deuxiesme iour de

Feurier, l'an de grace mil six cens vingt-quatre. Et de noftre regne le quatorziefme.

Par le R O Y en fon Confeil.

B E R G E R O N.

Approbation des Docteurs.

NO v s foubs fignez Docteurs en Theologie, de la Faculté de Paris, certifions auoir veu, & leu vn liure intitule, *Lettre du Pere François Garaffus, de la Compagnie de IESVS, à Monfieur Ogier, touchant leur reconciliation, & refponfe du fieur Ogier fur le mefme fujet,* auquel nous n'auons rien trouué qui ne foit conforme à la Religion, Catholique, Apoftolique & Romaine ; En foy dequoy nous auons icy mis nos feings manuels. Faict à Paris ce 18. iour de Feurier, mil fix cens vingt-quatre.

F. B. LANGLOIS.   F. L. BAVDRY.

www.ingramcontent.com/pod-product-compliance
Lightning Source LLC
Chambersburg PA
CBHW071344030726
47594CB00002B/757